zeter & mordio

jan egge sedelies

niemals so ganz

★

zeter & mordio
verlag für nebenwelten
c/o maYa birken
am kleinen felde 21
30167 hannover
www.zeterundmordio.de

niemals so ganz
jan egge sedelies
erstveröffentlichung im september 2005

lektorat: marianne glaßer
gestaltung: das ästhetische gewissen, maYa birken
illustration: das ästhetische gewissen, mehmet yaman
herstellung: gruner druck gmbh, erlangen
gesetzt aus der dolly von underware – ästhetisch zerstört
von mehmet yaman
isbn 3-9809552-3-0
dankeschön an:
mirco buchwitz mit www.sublit.de.vu
und allen, die an zeter & mordio glauben!

Der 1980 geborene Autor Jan Egge Sedelies kam aus der ostdeutschen Provinz Crivitz über Finsterwalde, Eggesin und Lehrte nach Hannover. Dort lernte er in einem Zeitungsverlag, studiert Soziologie und organisiert seit 2000 Open Mics, Offene Bühnen und mit dem Aktionskreis Offenes Mikrofon das Running Mic – die Literaturprotestparade durch die hannoversche City.

Der Autor moderiert den hannoverschen Poetry Slam »Macht Worte« und schreibt u.a. für die Hannoversche Allgemeine Zeitung. Jan Egge Sedelies las in Unikellern, besetzten Häusern und Kerzenlichtkneipen, vertrat Hannover bei den Deutschen Literaturmeisterschaften 2004 und veröffentlicht in Anthologien und Zeitschriften.

Weitere Informationen über den Autoren sowie den Verlag finden sich im Internet unter www.zeterundmordio.de.

AKT II

Über das Verhältnis von Lyrik und Politik

»Widersetz dich ihnen«, schreibt Jan Egge Sedelies und »du [...] spürst die wut/die empörung/den schmerz« – Zeilen, die in ihrer direkten Sprache und ihrem aufrührerischen Gestus an die späten Sechziger- und Siebzigerjahre erinnern. Das Gedicht, in dem Wut, Empörung und Schmerz formuliert werden, ist mit »frage eines nachgeborenen« betitelt und Erich Fried gewidmet. Da machen allerorts Musterschwiegersöhne vom Schlage eines Florian Illies von sich reden, da wird in den Geschichtswissenschaften die »Enkelgeneration« erfunden, die jetzt angeblich unbefangen das Gespräch mit der ›Zeitzeugengeneration‹ (früher: ›Tätergeneration‹) sucht, da schimpfen überall junge Gutverdiener über die sozialen Errungenschaften der linken Regierungen, von denen sie selber nach Strich und Faden profitieren – und hier knüpft jemand ganz unumwunden an den verbessernwollenden Imperativ der in den letzten Jahren so viel gescholtenen Achtundsechziger an. Da ändert sich doch vielleicht etwas in der behäbig-saturierten deutschen Lyriklandschaft!

Das Verhältnis von Lyrik und Politik ist in den letzten Dekaden immer wieder neu definiert worden. Dabei wurden extreme Positionen bezogen: Ende der Sechzigerjahre galt Kunst ohne Bekenntnis als moralisch anstößig, die Amalgamierung von Literatur und Politik wurde vehement eingefordert – mit der immer schon bestehenden Gefahr, nur diejenigen zu erreichen, die auch schon vor der Lektüre die ›richtige‹ Gesinnung hatten. Beredt skandierte Enzensberger den »Middle Class Blues«, sprach von Übersättigung, von traurig-solitären Hausfrauen und vom Tod einer Literatur, die sich dem l'art-pour-l'art-Gedanken verschrieben hat. Erich Fried dichtete – nomen est omen – für den Frieden, Peter Rühmkorf versucht's im Imperativ mit »Komm raus aus deiner kaskoversicherten Dunkelkammer!« Der Tonfall war direkt, die Botschaft eindeutig-deutlich.

Seit den späteren Achtziger- und den Neunzigerjahren ist solch ein Ansatz verpönt. Den politisch Dichtenden wird Schlichtheit vorgeworfen, wenn sie beherzt zu Hammer und Sichel in der Sprache greifen. Bestenfalls kann man noch mit kühlen Sezierungen punkten wie etwa Durs Grünbein. In einem Gedicht eine Meinung zu äußern gilt als Zeichen lyrischer Inkompetenz, geradezu als unerwachsen. Während im beherrschenden soziologischen Diskurs von der »Überkomplexität der Wirklichkeit«, einer »neuen Unübersichtlichkeit«, von »Multitude«, »Pluralismus« und natürlich von »asymmetrischen Konflikten« gesprochen wird, meint der modische Post-Jahrtausendwende-Dichter, diesen Phänomenen nur durch chamäleonhafte Entsprechung in der Sprache »gerecht« werden zu können. Es scheint, als wären »eindeutige Gedichte« nur in den politisch »eindeutigen« Zeiten der statischen Bipolarität der Welt im Kalten Krieg bis 1989 erwünscht gewesen. Anders kann man sich nicht erklären, wie Lyriker wie Raoul Schrott oder Ulrike Draesner mit technoid-zeitgeistigen Einsprengseln in ihrer Kollagen-Lyrik unter akuten Kunstverdacht geraten konnten. Statt einer Frage oder einer Meinung wurde oft lediglich eine Materialsammlung angeboten: Versatzstücke aus TV, Filmen, Dokumentationen, auch aus der Soziologie, der Medizin und sogar der Militärgeschichte. Dabei war oft anstelle der vormals kritischen Haltung eine Faszination von diesen dem technischen Laien erhaben erscheinenden technologischen Neuwelten zu spüren. Solch eine lyrische Affirmation galt plötzlich als chic, denn man war es leid, immer unzufrieden mit der Wirklichkeit zu sein. Man wollte sich arrangieren und die Dinge endlich einmal umarmen dürfen, die man eben noch bekämpft hatte. Die so genannte ›Betroffenheitslyrik‹ wurde – abgesehen von einigen wenigen ästhetisch fundierten Auseinandersetzungen – aus modischen Beweggründen diskreditiert.

Letztendlich kann niemand sich einbilden, ein Monopol auf die Definition von Literatur oder Lyrik zu besitzen und festzulegen, ab wann ein Gedicht ein Gedicht ist und welche Eigenschaften – politisch/unpolitisch – es für diesen Gattungsbegriff erfüllen muss. Der eine Fehler, den die Achtundsechziger wirklich gemacht haben, nämlich jemanden zu seinem politischen und/oder kreativem Glück zwingen zu wollen, sollte nicht wiederholt werden. Aber Meinungsverbot wie in den Neunzigern bedeutet wirklich den Tod der Literatur. Kunst hat sich immer als Ergebnis einer Transformation von Wirklichkeit verstanden. Ob abbildhaft, also an der äußeren Wirklichkeit orientiert, oder abstrakt, an einer inneren ›Wahrheit‹ ausgerichtet – Kunst hat von der Höhlenmalerei bis zur Gegenwart Zeugnis von menschlicher Weltwahrnehmung abgelegt. Und die ist nun einmal subjektiv, das ist die conditio humana. Wahrnehmung ist immer Selektion, somit Bewertung und Meinung, deshalb ist die Vorstellung, dass das ›Ich‹ in der Lyrik nicht mehr vorkommen dürfe, beim Wort genommen identisch mit einem Schreibverbot.

Es scheint, dass in der jüngsten Zeit von den Rändern des Kulturbetriebs die in den Neunzigerjahren so selbstverständlich vorausgesetzte Nicht-Meinung und Nicht-Einmischung wieder in Frage gestellt wird. Politik als menschliche Kollektiverfahrung wird genauso als Ingredienz der Literatur und gerade auch der Lyrik angesehen wie andere Erfahrungsbereiche auch, zumal Politik meistens genau die Schnittstelle zwischen ›öffentlich‹ und ›privat‹ berührt. In neuen politischen Gedichten wie denen von Jan Egge Sedelies wird der spannende Versuch unternommen, der nicht zu leugnenden post- oder postpostmodernen Unübersichtlichkeit eben nicht mit den ›gleichen Waffen‹ (Abstraktion, Hermetik,

Diffusion, Materialsammlung statt Meinung, serielle Aufzählung von Objekten statt kritischer Frage nach ihrem Wesen etc.) zu begegnen, sondern gerade mit dem, was sie nicht bietet: Orte, Namen, Fragen, Antworten, Schlusspunkte, Aufbrüche, neue Wege. Es scheint, dass sich ein Bedürfnis breit gemacht hat, Fragen nach politischer Gewaltanwendung und sozialer Ungerechtigkeit nicht mehr nur mit resigniertem Achselzucken und Verweis auf Phrasen wie der globalen wuchernden verwirrenden auswegslosen Überkomplexität begegnen zu wollen, sondern gerade in diesem Pool aus Nicht-Verantwortlichkeit, nicht-sichtbaren Feinden, Filialenwesen, Nebenwirkungen und Kollateralschäden ein paar bei näherem Hinsehen doch eindeutig benennbare Missstände anzuführen: Sedelies spricht ganz klar vom »linienflug LH 558« – auf diesem Flug wurde ein Asylant von Polizisten erstickt – von »Kalle Marx« und »Dagobert Duck« und auch von »deutschland im krieg«. Dabei kann man etwas lernen:

> »die geländewagen von Daimler Chrysler
> ihre panzerung von Trasco in Bremen
> der staudamm von Züblin
> die zementfabriken von der Thyssen-tochter Polysis
> der flughafen in Basra von Hochtief
> schon das dritte mobilfunknetz von Siemens
> 55 deutsche unternehmen auf der
> Rebuild Iraq 2004-messe
> [...]«

Nach dem ›grellen Biedermeier‹ der Neunzigerjahre mit seiner Clubculture und seiner Love Parade, nach resigniertem Privatismus und einer entsprechenden Wohnzimmerliteratur scheint es wieder Lyriker zu geben, die etwas Selbstbewusstsein gewonnen haben und unbequem werden – auch wenn dann der ein oder andere Literaturpreis ausbleibt. Da zumindest im deutschsprachigen Lyrikzirkus die Hermetisch-Elitären das morsche Kulturruder fest in der alten Hand halten, wundert es nicht, dass die jüngeren politisch schreibenden Lyriker eher aus dem literarischen Untergrund stammen.

Jan Egge Sedelies' Gedichte sind angenehm nicht-kulturbetriebsnudelhaft; Leser und Leserin werden nicht mit sprachlichen Experimenten gequält und müssen sich auch nicht mit der Quantentheorie beschäftigen, weil ein staunender Lyriker gerade ein paar Begriffe aus seinem Arsenal chic findet. Sedelies' große Begabung liegt darin, in Gedichten Geschichten zu numerischen Fakten zu erzählen, die uns täglich in den Nachrichten erreichen: Er bebildert diese Fakten, erzählt von Asylanten, die nicht mehr lebend am Zielort eintreffen, oder von Demonstranten, die wegen Verdachts auf illegalen Waffenbesitz gedemütigt und in U-Haft geschoben werden – ohne dabei ins Sentimentale oder Belehrende abzugleiten. Der Gestus ist ruhig-berichtend, und doch wird kein Nachrichtenstil imitiert. Da wird zum Beispiel von einem Hafen erzählt, an dem Leichen von Flüchtlingen gefunden werden: »leere kekspackungen liegen neben den leichen«. Dies ist keine tagesjournalistische Sicht, sondern die eines Künstlers. Hier wird Realität wiedergegeben und doch verwandelt: Auswahl, Bewertung, Analyse, Destillation, Formgebung, Kunst. Ereignisse aus der »großen Welt« werden am Einzelfall veranschaulicht und abstrakte Inhalte auf menschliche Proportionen reduziert – das Gedicht als Miniatur und kleiner Ausschnitt von Wirklichkeit. Kunst und Politik – das kann jenseits von raunendem Kunstquark oder verstockter Anti-Literatur sprachlich und inhaltlich sehr gut zusammengehen.

Lesen Sie selbst! Und überhaupt: Lesen Sie!

TANJA DÜCKERS, Berlin, im Juli 2005

AKT I

analyse

wartend reden wir von veränderung
redend warten wir auf veränderung
wartend und redend verändern wir nichts

der fehler im system

ein klempner sucht heute morgen
den fehler am untertischboiler
und das gespräch beim angebotenen kaffee

er liest die zeitung intensiver
als mancher professor
und benutzt hanf nicht zum rausch
sondern zum abdichten

er redet über Schröder, reformen und
seinen sohn, der jetzt in Kanada öl sucht
statt bei der luftwaffe büroarbeit zu machen

nach dem vierten kaffee hat er
einen verdacht und verzieht das gesicht:

ein fehler im gesamtsystem?

schnell verabschiedet er sich für eine halbe stunde
um gummidichtungen zu kaufen

ich geh in der zeit neuen kaffee holen
verschiebe vorsorglich alle termine
für den rest des tages
und denke über
die so einfache
lösung nach

zeichen setzen

steh auf

setz dich
setz dich durch
setz dich in den weg
setz dich drüber weg

steh auf
und setz dich wieder

steh auf
und widersetz dich

widersteh ihnen
widersetz dich ihnen

setz dich zum widersetzen
steh auf zum widerstand

»Endlich gibt es wieder Generationskonflikte, Konflikte zwischen Männern und Frauen, Meinungsgegnern, Freunden und Feinden. Man spielt nicht mehr nur Gegnerschaft, um dann wieder nett zueinander zu sein. Endlich wird nicht mehr alles Ärgerliche vertuscht, alles Peinliche verschwiegen, Übelkeit mit der Pille erklärt, Trauer mit Kaffee bekämpft, Magenschmerzen mit Pfefferminztee, Depressionen mit Sekt, schale Nüchternheit mit Korn. Die studentischen Aktionen haben bewirkt, dass die tatsächlich vorhandenen Widersprüche dieser Gesellschaft wieder kenntlich geworden sind.«
ULRIKE MARIE MEINHOF, Konkret (1968)

studentische geschichtsreflexionen

Meinhof hätte sie gelesen
die kolumnen in der Konkret
und den film Bambule
hat sie auch gesehen
kennste?, fragt sie mich
und ich nicke beiläufig

am besten für das thema
ist doch der Baader-Meinhof-Komplex
von Aust oder die Mario-Krebs-biographie
und überhaupt, Baader muss echt
ein schwein gewesen sein
das merkt man doch schon an den letzten
texten von der Meinhof
denen aus'm knast
da fehlt's doch an allem

jaja, denk ich
da fehlt es an allem

diagnose

ihre bilder machen dich blind
ihre reden verstopfen dir die ohren
ihre meinungen bringen dich zum erbrechen
ihre wahrheiten verbrennen dir die nasenschleimhäute

alles, was bleibt, ist ein komisches gefühl
und die feststellung des kollegen
dass du in letzter zeit irgendwie nicht gut aussiehst

»Wenn die Soldaten wirklich für unser aller Freiheit töten, so müssten wir sofort aufspringen und unsere Freiheit zurückgeben.« PETER BRÜCKNER, 1967

fortschritt

technik hilft
sie macht vieles einfach
so einfach

so einfach
dass man manchmal
gar nicht merkt
was man manchmal
da so macht

man zieht einfach hebel
drückt einfach knöpfe
schaltet einfach schalter

manchmal reicht es
den zeigefinger einzuknicken
und schon geht jemand zu boden

so einfach
einfach so
hilft die technik

»Man wirft den jungen Leuten den Gebrauch der Gewalt vor. Sind wir denn aber nicht in einem ewigen Gewaltzustand? Weil wir im Kerker geboren und großgezogen sind, merken wir nicht mehr, daß wir im Loch stecken mit angeschmiedeten Händen und Füßen und einem Knebel im Munde. Was nennt Ihr denn gesetzlichen Zustand? Ein Gesetz, das die große Masse der Staatsbürger zum fronenden Vieh macht, um die unnatürlichen Bedürfnisse einer unbedeutenden und verdorbenen Minderzahl zu befriedigen? Und dies Gesetz, unterstützt durch eine rohe Militärgewalt und durch die dumme Pfiffigkeit seiner Agenten, dies Gesetz ist eine ewige, rohe Gewalt, angetan dem Recht und der gesunden Vernunft, und ich werde mit Mund und Hand dagegen kämpfen, wo ich kann.«
GEORG BÜCHNER, Straßburg, 1833, Brief an die Famile

gefrorene gesichter und die gewaltfrage

gefrorene gesichter
betrachten dich, deine freunde, euch
starren auf eure empörten gesten
eure diskussionen

gefrorene gesichter
betrachten euch
euren idealismus
euer engagement

gefrorene gesichter
wärmen sich an euch auf
entspannen sich
belächeln euch

gelassene gesichter
haben heute einen leichten job
haben einen ruhigen tag
haben nichts zu tun

gelangweilte gesichter
brauchen die faschisten
heute nicht beschützen
und ihr geht nach haus

enttäuschte gesichter
habt ihr auf dem rückzug
und wütend fragt ihr euch
wer da nach gewalt gefragt hat

»Versucht einen Anruf beim Ermittlungsausschuß durchzusetzen und uns so schnell wie möglich zu verständigen.« ERMITTLUNGSAUSSCHUSS HANNOVER

elf nummern

elf nummern und die hoffnung
eine stimme am anderen ende der
leitung zu hören

elf nummern und die hoffnung
dass auf deinem arm
die kulifarbe halten möge

elf nummern und die hoffnung
geschützt zu sein
vor gesetzeswillkür und polizeigewalt

elf nummern und die hoffnung
dass sich heute
der ermittlungsausschuss meldet

elf nummern und die hoffnung
sie nie benützen zu müssen

und dennoch

elf nummern und die hoffnung
auch morgen
dort eine stimme zu hören

gar nichts verstanden

zwischen den buchrücken
schieben sich gewehrmündungen, molotow-cocktails
handgranaten und mittelstreckenraketen
ins arbeitszimmer

sie warten auf dein ok

dazwischen lugen pullen voller
whisky, bier, hustensaft
und lauwarmem rotwein hervor

ein paar joints, spritzen
und kokspäckchen gesellen sich zu
steuerspartipps und vegetarischen kochrezepten

in Bakunins bart verfängt sich
trockenfutter für meerschweinchen
Kalle Marx steht tatenlos
neben Dagobert Duck
und in Sartres brille entdecke ich mich

stolz, sie alle gelesen und auf
meinem regal vereint zu haben
wo sie jetzt verstauben
während ich zur arbeit gehe

geschlossene gesellschaft

sie können stundenlang
durch eisiges wasser schwimmen
sie können sich hinter unzähligen
kisten und paletten in lkws verstecken
sie können kilometerlange
tunnel graben

sie können nicht hinein

denn freiheit
sagen die, die wissen, was freiheit bedeutet
sagen die, die bestimmen, was freiheit ist
sagen die, die sich hinter mauern und stacheldraht schützen
freiheit, sagen sie
die gibt es nur begrenzt

»Die schön verschwommenen genießen auch künftig die Freiheit der Dichtung«
ERICH FRIED, So kam ich unter die Deutschen

frage eines nachgeborenen

für Erich Fried

er schrieb
über den vietnamkrieg
über den finalen rettungsschuss
über die tote Ulrike Meinhof und
ihre mörder

er klagte an
wühlte auf
bohrte in den wunden
die eine krankheit
mit sich bringt

jetzt ist er tot und du sitzt
an einem schreibtisch und liest
seine gedichte und spürst
die wut
die empörung
den schmerz

und fragst dich
wie lange es jemand damit
an seinem schreibtisch aushalten kann
und wie er es konnte

konkrete anfragen

um so konkreter
ich meine wünsche träume
und bedürfnisse beschreibe

um so konkreter
fragt man mich
was ich damit
eigentlich sagen will

ein schlechter dieb

ich stahl ein autokartenspiel, als ich etwa sechs war
eine kassette namens *Techno House 4*
auf dem polnischen flohmarkt
ein paar böller zu silvester
einen aufkleber mit dem wort *turbo*
den ich an den alten VW Jetta
meiner mutter klebte

als ich älter wurde
stahl ich unzählige verwaiste biere
die einsam auf schützenfesttresen standen
und stahl die gläser dazu

zum einzug in meine erste wohnung aschenbecher
aus fastfoodläden und einen salzstreuer
den ich noch heute benutze

nicht gerade viel
wenn man sich die kontoauszüge
einiger weniger anschaut

eigentlich gar nichts
aber ich bin ja noch jung und lerne noch
mit dem gewissen richtig umzugehen

deine stadt

klar, deine stadt birgt keine granattrichter, heckenschützen
oder anti-personenminen
dafür aber 18x McDonald's
bis zu 30 verschiedene cornflakeskartonagen im
    supermarktregal
und 1x im jahr eine industriemesse
bei der du dich als nachtwächter am Siemens-stand
    verdingen kannst

in deiner stadt kommt stacheldraht
nur als cooles oberarmtattoo in frage
und hunger kennst du nur aus Böll-büchern

in deiner stadt gibt es auch keine streubomben
die wie carepakete aussehen, und keine straßen
die durch uranmunition verseucht wurden

in deiner stadt gibt es leuchtreklame und kammerkonzerte
statt leucht-geschossen und flak-gedonner

soldaten liegen in deiner stadt
vielleicht verstreut in einem kinderzimmer
aber nicht zerschossen im lazarett

in deiner stadt ist tarnlook ein modetrend
und nicht überlebenswichtig

in deiner stadt wird gedrängelt, wenn der bus kommt
und nicht in zwei-meter-abständen schlange gestanden

in deiner stadt gibt es noch schließfächer im bahnhof
und supermärkte ohne waffendetektoren

in deiner stadt kannst du noch dein auto
vor einem polizeirevier abstellen
ohne dass es vorsorglich in die luft gesprengt wird

in deiner stadt herrschen westliche werte
denn du bist teil der zivilisierten welt

du und deine stadt – das sind halt nicht die da
        und ihre städte
du hast mit denen nichts zu tun
du hast mit all dem nichts zu tun

»Wegen der langen Zeit seit der Tat und dem Umstand, dass nach Ansicht der Richter auch andere Verantwortung für den Tod des Sudanesen tragen, minderte das Gericht die Strafe auf neun Monate. Dadurch müssen die Beamten nicht aus dem Dienst scheiden.«
FRANKFURTER RUNDSCHAU, 19.10.2004

linienflug LH 558

eine woche lang haben drei BGS-beamte
gelernt, menschen sachgerecht
– was immer das heißt –
zurückzuführen

fesselungen lernten sie dabei in einem sport-workshop

sie wissen, wer ins land gehört und wer nicht
sie machen überstunden im namen deutschlands
sie sind die türsteher der festung Europa

am nachmittag des 28. mai 1999
ist der einsatzleiter
wie er sagt
etwas in panik geraten:

drei plastikfesseln halten die füße fest
zwei plastikfesseln halten die knie zusammen
ein klettband und ein 4,9 m langes seil halten die beine
am sitz
vier plastikfesseln und ein weiteres klettband halten die
oberarme still

ein motoradhelm beschützt die anderen passagiere
vor dem, der es gewagt hat, sich in ihrer nähe aufhalten
zu wollen

er bäumt sich auf

der einsatzleiter sieht die sicherheit
der anderen passagiere gefährdet
aber zum glück haben sie trainiert:

drei BGS-beamte drücken einen oberkörper auf oberschenkel
fünf minuten vergehen
sechs rippen brechen
ein mensch erstickt

die BGS-beamten sagen später vor einem richter
sie hätten nur eine woche unterricht gehabt
das sei zu wenig gewesen
sie hätten das thema
sachgerechte rückführung
nur angerissen

wer weiß
vielleicht hätten sonst
auch zwei beamte genügt
und vielleicht
wären sie dann beim mord
an Aamir Ageeb
auch nicht in panik geraten

eintrag ins logbuch

ein container wird geöffnet
irgendein hafen wird zum einsatzort
leere kekspackungen liegen neben zwei leichen

blinde passagiere ohne gepäck
deren klopfzeichen keiner gehört hatte

angekommen an ihrem ziel
werden die toten weggebracht
der container gesäubert

ein tragischer unfall
damit konnte keiner rechnen

ende der durchsage
anker lichten
leinen los

deutschland im krieg

die geländewagen von Daimler Chrysler
ihre panzerung von Trasco in Bremen
der staudamm von Züblin
die zementfabriken von der Thyssen-tochter Polysis
der flughafen in Basra von Hochtief
schon das dritte mobilfunknetz von Siemens

55 deutsche unternehmen auf der
Rebuild Iraq 2004-messe

60 milliarden soll der wiederaufbau kosten
225 millionen kunden wollen bedient werden
und ihr streitet über kriegsgründe

Göttingen, 16. Juni 2001

wenn zeitungen sich überschlagen
mit berichten, die kriegsbeschreibungen ähneln
wenn versicherungen für schaufenster zahlen müssen
wenn gewerkschaften und parteien sich in distanz üben
wenn polizisten zu schützern der faschisten werden
wenn die rolle des verfassungsschutzes wieder
 fragwürdig scheint
wenn es antifaschisten geschafft haben
einen neo-nazi-aufmarsch zu verhindern
wenn die dummheit eingeschüchtert und
tatenlos nach hause fahren muss

dann

redet deutschland von gewaltbereiten autonomen,
 von steinen und flaschen, beschädigten autos
teuren polizeieinsätzen und vom verbot der
 Antifaschistischen Aktion

was bleibt, ist frust
und die stimmen derer
die es schon immer gewusst haben
und die erkenntnis

dass es vielleicht gar keinen widerspruch in diesem
 gedicht gibt

»Es kommt darauf an, der Umwandlung des dem Recht und der Demokratie verpflichteten Staatsapparats in einen Terrorapparat der Herrschenden entgegenzutreten. Wenn Polizisten, wenn Spezialeinheiten der Polizei es sich herausnehmen, politisch unliebsame Personen, wie in Genua geschehen, mitten in der Nacht zu überfallen und brutal, ja lebensgefährlich, zu verprügeln, dann ist es zu Folterkellern wie denen der SA im Deutschland von 1933 nur noch ein Schritt. Wer den Überfall auf die Diaz-Schule in Genua als irgendwie entschuldbar durchgehen lässt, leistet Beihilfe zu einer schleichenden Faschisierung der Gesellschaft.«
PROFESSOR BODO ZEUNER, FU Berlin

»Eine derartige Ausübung von Polizeigewalt, die ans Massakrieren grenzt, habe ich in meiner 30-jährigen Tätigkeit auch als politischer Strafverteidiger in Deutschland nicht kennengelernt.« CHRISTIAN STRÖBELE

wie man terrorist wird

für Carlo Giuliani

man besorge sich einen stadtplan
packe Aspirin ein
krame eine packung streichhölzer raus und
ziehe ein schwarzes t-shirt an

fertig ist
der polithooligan
der gewalttourist
der krawallmacher

ein stadtplan, eine packung Aspirin, ein päckchen
streichhölzer
und ein schwarzes t-shirt: ein inventar
des schreckens
des terrors
der gewalt

richter Roberto Settembre manifestiert am 9. august
eine neue rechtsprechung:

kein versammlungsrecht
kein recht auf freie meinungsäußerung
kein recht auf körperliche unversehrtheit

es folgt die beweisaufnahme:

unterlagen über die stadt Genua
persönliche schutzmittel und mittel zur ärztlichen
selbstversorgung
streichhölzer und zigarettenfilter
schwarze kleidungsstücke

schwarzes t-shirt, streichhölzer, Aspirin und ein stadtplan:
wer sich im jahre 2001 so auf den weg zu einer
demonstration macht
läuft gefahr, terrorist zu werden oder schon terrorist zu sein

die ordnungsmacht war vorbereitet und präsentierte
die maßnahmen zur deeskalation:

fußtritte und schläge bis zur bewusstlosigkeit
polizei im stechschritt
speichel und rotz in den haaren und im gesicht
tränengas
gummiknüppel, die erst im takt auf mächtige schilder
prasseln
dann auf köpfe, rücken und oberarme
schaum aus dem feuerlöscher gegen offene wunden
abgeschnittene haarbüschel

dann bis zu 15 stunden stehen
einen tag lang kein brot und wasser
toilettengänge mit geöffneter tür unter beobachtung
injektionen mit unklarem inhalt
wochenlanger aufenthalt in einem gefängnis

die anklage:
verdacht auf illegalen waffenbesitz
bildung einer terroristischen vereinigung
widerstand gegen die staatsgewalt

nochmal: die beweise:
ein stadtplan zur orientierung in Genua
eine packung Aspirin als vorsorge für den vorhergesehenen
 gefängnisaufenthalt
steichhölzer für molotow-cocktails
schwarzes t-shirt als kennzeichen des schwarzen blocks

so wird man im jahre 2001 terrorist
darf ich mal in deine taschen schauen?

das knacken des augenblicks

schreiben über hungersnöte
militärdiktaturen und kindersoldaten

schreiben über gewinnwarnungen
staudammprojekte und Happy-Meal-figuren

oder schreiben über patente auf reissorten
strahlentod und zigarettenpreise

schreiben für den kopf
anderer

prallt allzu oft ab
an zu beschäftigten köpfen

darum

stell dir die gesellschaftlichen
zustände vor
wie ein langes holzscheit

und dieses gedicht als einen
finger, der darauf entlangfährt

und nun
eine rostige schraube

und das knacken
des fingernagels

und das

täglich
stündlich
in jedem verdammten
augenblick

burn, warehouse, burn

bei Ebay findest du unter dem eintrag
anarchie einen Pippi-Langstrumpf-button
und ein so genanntes
geiles-girlieshirt roter stern

unter Marx findest du
eine sondermarke der DDR
Richard-Marx-platten
und haargel von einer Laura
für 67 euro mit sofort-kaufen-option

es gibt Dutschke als pin
Che Guevara als designer-retro-gürtel-schnalle
welche selten sein soll
Bukowski auf schwarzen t-shirts
nur Fauser gibt es nicht – höchstens faser

Woodstock ergibt 256 angebote
die hannoverschen Chaostage
immerhin 14 treffer

es ist keine frage der kritik
sondern eine frage der zeit
wann deine ideen und ideale
hier gehandelt werden
wie tittenzeitschriften
und reichskriegsflaggen

du kannst nur hoffen
dass sich die käufer verschreiben
und dass die schweine, die dich
auf den strich schicken wollten
auf dir sitzen bleiben werden

konsequenz ohne konsequenz

die zeitung abbestellt
alle stecker rausgezogen
den anlauf vorsorglich abgemessen
alles, worüber du stolpern könntest, weggeräumt
noch einmal tief eingeatmet
und dann läufst du los

gerade als Sabine ihre gäste begrüßen will
zerschlägt dein schädel den bildschirm

deine aktion berührt weder
die gesellschaftlichen verhältnisse
noch die einschaltquote
noch Sabine

aber sie war dir irgendwie wichtig

AKT II

einfaches mittel zum umsturz

um verkrustete gedanken
zum tanzen zu bringen
hilft es manchmal
einfach schon
mit der stirn zu runzeln

jeden tag

jeden tag aufwachen mit einem unruhigen gefühl
jeden tag aufwachen mit der gewissheit, dass nichts sich
geändert hat

jeden tag die zähne zusammengebissen beim putzen
jeden tag die haare gerichtet, aber nicht die gesellschaftlichen
zustände
jeden tag die zeitung gelesen und hoffnungen begraben
jeden tag kaffee, um einmal am tag fair zu handeln

jeden tag arbeiten für den nächsten supermarkteinkauf
jeden tag arbeiten für den jahresurlaub im sommer
jeden tag arbeiten für den lebensabend des chefs
jeden tag arbeiten für den nächsten morgen

jeden tag die faust in der tasche lassen

jeden tag nicht gleich ausrasten
jeden tag nicht gleich durchdrehen
jeden tag nicht gleich amok laufen

jeden tag einschlafen mit der gewissheit, dass sich nichts
ändern wird
jeden tag einschlafen mit einem unruhigen gefühl

jede nacht scheitern, wenn du es nicht verhinderst

argumentationsgehilfen

für Andreas

sie wehren sich
mit händen und füßen
wahlweise
auch mit teleskopschlägern
gegen deine unglaublichen vorwürfe

sie versuchen, dich mit kopfnüssen
und tritten in den unterleib
davon zu überzeugen
dass heute
abend
clubabend
ist
und du nicht
im club
bist

davon
dass es auf gar keinen fall
an deiner haut-, augen- oder haarfarbe
liegt

und davon
dass du etwas erleben kannst
solltest du ihnen
nicht sofort
glauben wollen

investigative journalismus

fünf bücher, die ich
auf eine einsame insel
mitnehmen würde

fragt mich einer
grinst
und zahlt später
meinen kaffee

ein guter journalist
weiß schon, wie
er ganz subtil
infos, skandale
und einen echten
aufmacher
beschafft

zurück in die vergangenheit
oder punk im jahr der maschinenherrschaft

gerade aufgewacht
an den 1,2 gigahertz AMD-rechner gehockt
Kazaa gestartet
Ramones in die tastatur gehauen
Blitzkrieg Bob
was sonst
download

kippe und kaffee
Nero angeschmissen
wieder kippe und kaffee
brennvorgang beendet

mit dem rohling ins wohnzimmer
flugs auf kassette gezogen
den alten rekorder hervorgekramt
tape
rein

rein
in die stiefel
haare machen
jacke um die schultern
ab zur clique
musik hören
so fühlt sich wohl
früher an

zu herzen gerichtet

was würden sie tun
die metaphernjunkies
die traumweltenwanderer
die idyllenzeichner
die zeitlosswinger
die trancetrippgänger
die luftschlossliteraten
die schmachtschlecker
die schundschlürfer
die tränenrührer
und herzschmelzer

wenn ich eingreife, statt zu ergreifen
und wenn, dann nur das echte, reale
geladene gewehr
und sie damit bedrohe?

wenn ich schieße
wahrscheinlich nicht mehr viel

wenn ich nicht schieße
wahrscheinlich ein gedicht schreiben

kitzelnde sonnenstrahlen

für Mirco Buchwitz

wenn die nacht sich zurückzieht
und der tag die leichen freilegt
die die letzten stunden nicht schlafen konnten
und du einer von ihnen warst
die die nacht mit getränken künstlich verlängern wollten
es aber nicht schafften
weil jeder einmal kotzen muss
oder irgendwann zusammenbricht

dann spürst du die morgendlichen strahlen
und denkst an das kinderlied
in dem zwei kinder von den strahlen gekitzelt werden
und wie schön es doch wäre
würden die strahlen wirklich kitzeln
und nicht mit spitzhacken auf deinen schädel einschlagen
ihn mit tausend nadeln durchsieben
ihn platzen lassen wie eine wasserbombe
wenn sie aufs pflaster schlägt
und dir das tor zur hölle
mit einem
guten morgen öffnen

viertelführung um halb zwei

die neonreklame des Pennymarkts
und einer dönerbude
das licht von reisebüro-schaufenstern
eine rote ampel
ein hektischer blinker
die flamme eines feuerzeugs
und plötzlich
fährt eine bahn vorbei

es ist halb zwei
und du behauptest
mein viertel
sei düster

alufolie unter fingernägeln

da stehst du nun in einer art bar
mit rotem samt an der decke
gedämpftem licht
und gleich drei discokugeln plus dj

trinkst Africola mit strohhalm
hast deine ellenbogen auf einem grauen stehtisch
und störst dich an zwei nasen
die während der lesung angefangen haben zu kichern

du verstehst kein wort von dem
was der typ da am mikro
in rollkragenpulli und bluejeans
dir sagen will

du bist nach den ersten sätzen
ohne drogen, rock'n'roll und kritik
ausgestiegen
hast Becks bestellt und muster in die
graue alufolie geritzt

dein stern sieht aus wie ein zerfasertes quadrat –
dafür hast du jetzt silberne fingernägel
die vielleicht im schwarzlicht leuchten

der typ mit pferdeschwanz und studibrille
ist immer noch nicht weiter

ab und zu lachen einige
wenn es anzüglich wird
was für ein arschloch

er würde ohne weiteres einem dicken verleger
aus der hose helfen für einen auftritt
in irgendeinem literaturhaus
oder für seine fresse auf einem der tausend bücher der welt

ein buchrücken mehr im regal
der nach buchstaben sortierten scheiße

er ist fertig
einige klatschen und seine freundin strahlt

du trinkst dein Becks leer
nickst ihm anerkennend zu
und machst, dass du rauskommst

am ausgang hängt schon die ankündigung
für die nächste woche

du siehst scheiße drauf aus

pädagogik am hbf

ein Nirvana-t-shirt bedeckt den schmächtigen körper
mit den unzähligen armreifen und bändern sieht er aus
wie ein bekannter schnauzbartträger der schlagernation
seine haare sind mit einer ausgewaschenen farbe getönt
meine freundin würde von der
intellektualisierung des triebkonfliktes sprechen

auf die ritualisierte frage nach kleingeld entgegne ich:
einen euro für jeden anarchisten, den du mir nennen kannst!

leben im widerspruch

joggen zwischen verzerrten gesichtern
und verhältnissen
mit turnschuhen ohne Fair-Trade-siegel
aber mit federung und ergonomischem sitz

arbeiten für GEZ-gebühren, sportwagenphantasien
und kurven im umsatzdiagramm deines chefs

später kaffee, kuchen, kontaktanzeigen
und gespräche von
unerschrockenen anzugträgern
am nachbartisch

noch später schlafenwollen und frust
muskelkater vom joggen
und offene, starre augen
vom kaffee

ein leben im widerspruch

und später werden die
nachbarn sagen

er war nie auffällig
ein ganz normaler junger mann

ein guter jahrgang

dreht die flasche leben
schließlich in deine richtung
nimm sie ruhig an
mach sie auf
trink sie aus
und
mit dem wissen
sie komplett
leergesaugt zu haben
schmeiß sie
in einen
recycling-container
und hoffe
auf eine
neue runde

laternenlicht

das licht der laterne küsst zärtlich die asphaltierte straße
an deren rand ich diese überflüssigen zeilen schreibe
geplagt von selbstvorwürfen, scham und ekel
starre ich ins licht der laterne
und träume davon einfach
scheiß drauf
sagen zu können

frühjahrsputz

die wäsche ist abgenommen
und sorgfältig zusammengelegt in den schrank sortiert
die scheiben sind sauber und der teppich gesaugt
das dreckige geschirr glänzt
und selbst die treppe ist geputzt

alles ist wunderbar aufgeräumt
und der tag verloren

für wen

vom regen aufgeweicht und verfroren
suchst du dir einen platz in der
schnell anfahrenden bahn

ein alter zieht seine Kaufhof-tüte zurück
eine frau mit pelzmütze verzieht die mundwinkel
zwei jugendliche fokussieren dich misstrauisch

du ziehst Carlos Marighellas
Handbuch des Stadtguerillos
aus der tasche, beginnst mit dem lesen
und fragst dich nach einem moment

für wen eigentlich noch

katheterlager station 5

1

warum ich nicht bei der armee wäre
frug sie mich
liegend und schwer atmend
an einem samstag
an dessen abend
sie mir beunruhigt
von ihren
puddingbeinen
erzählte
und ich
diese nachricht
ironisch grinsend
an einen pfleger weitergab
und er
sie sicherheitshalber untersuchte
sie auf die intensivstation verlegte
und mir
von ihrem tod berichtete
und ich mich
irgendwie schlecht fühlte

2

sie war leiterin
beim BDM
ihre augen leuchteten
sie war es gern
man spürte es

ich wusch sie
kleidete sie
reichte ihr das essen
und hörte ihr zu

wenn sie mir von früher erzählte
kam sie mir lebendig vor
und dann war sie tot

ich schämte mich
meiner trauer

3

der kartoffelbrei klebt
in den mundwinkeln
ihre augen liegen wie gläserne steine
in dunklen särgen
der löffel fährt zum mund
der mund öffnet sich nicht
der kartoffelbrei drückt sich in die mundwinkel
der löffel ist leer
wie ihre augen

ok, das war's. ich werde sie jetzt gleich
auf die seite legen und komme später zum abendessen
wenn was ist
klingeln sie bitte

sprach ich und
verschwand leise durch die tür
sie klingelte nicht

das neue rad

du fegst mit deinem neuen rad
über die straßen, als könntest du
bis zum mond schweben
wenn du nur noch etwas fester
in die pedale trittst

du saust an menschen vorbei
deren verschwommene und entstellte gesichter
du nur noch am rande wahrnimmst

du rauschst dahin
ziehst davon
passierst brücken, als ob
du sie für immer hinter dir lassen willst
und fliegst davon wie ein vogel
der zum ersten mal
seine schwingen gebraucht

nur weiter
immer weiter
aber pass auf die scherben auf
vielleicht sehen wir uns mal wieder

wie kompensiert man eine niederlage?

aufgesprungen

vor empörung fliegt der geifer
in die kritischen gesichter
einiger milchkaffee schlürfender studenten

die augen aufgerissen

der mit modischem teppich
bedeckte boden
bebt bei jedem tritt
dessen wucht steinerne verhältnisse
auch heute noch
zum tanzen bringen will

die haare gen himmel gezogen

die schreie zerreißen
den zuhörern das sensible trommelfell
beschreiben die veränderung und
beschwören die umwälzung

alles gegeben
alles getan um sie zu überzeugen
agitiert
agiert

vier punkte für den inhalt
neun punkte für die performance

zufrieden?

shopping im bahnhofskeller

für Lothar

drei mal Peter Paul Zahl
davon zwei erstausgaben
Alexander Berkmanns Die Tat
und Stadtguerilla-dokumente

Hegels Phänomenologie des Geistes
und das Prinzip Hoffnung
in drei bänden

Chomsky über Freiheit und Sprache
Bookchin über Formen der Freizeit
und Nettlau über
die Geschichte der Anarchie

eine chronik zu Sacco und Vanzetti
und ein Mühsam-text
zur Münchener Räterepublik

Bakunins gesammelte briefwechsel
und Kropotkins Gegenseitige Hilfe

dazu ein roter koffer zum transport
und ein kaffee plus donauwelle
zur feier des tages

das gold der welt liegt nicht
in dunklen schächten verborgen
sondern auf plastiktischen
im keller des hauptbahnhofs

niemals geht man so ganz

theater gespielt, foto-love-storys auf Frankfurter baustellen
entwickelt
und illegal in hotelgärten auf Norderney gezeltet
Rosa-Luxemburg-tage, mindestens fünf mal Zytanien
und Amsterdamreisen mit Rainbowtours
in Spanien sieben jahre alten Havanna Club gesoffen
und im Wendland pizzen statt rote beete gefressen
flohmarktkisten nach Georg von Rauch, Erich Mühsam
und Wolfgang Neuss durchwühlt
mit Felix gestritten und zu Metasystox im Köpi getanzt
bei Braul in Ilten die inneneinrichtung zerstört
und doch fast immer heil nach hause gefunden

klirrende scheiben gegen studiengebühren
geschichtsunterricht mit nationalen fleischereimeistern
wein aus Punicaflaschen und schreibtische für Cuba
demos gegen castor, EXPO und abschiebeknäste und
demos für APPD, frieden und Mumia Abu Jamal

wir schliefen in turnhallen, Bremer bücherstuben und
kinderlagerzelten
stellten Brecht gegen Sartre, Ska gegen Reggae und pendelten
zwischen SPK, K1, 2. Juni, RAF, RZ
und gründeten die Anti-Mark-Näfe-Fraktion
gingen risiken ein
zockten Siedler und füllten regale mit widerstand

trafen Kittner, Viett und Wackernagel, Hahnsch und Sassi,
    die Hippies
Gunnar und freundin, Patrick und Matze, Depri-Frank
der überm Turm wohnte, und viele andere
wie Johannes und Jürgen und, klar
das letzte lied muss immer von Ton Steine Scherben sein

verfassten Kassiber, Kamalatta-Kamalatta und heute
mit dem Aktionskreis den Konvolut
No Respect gab's zum geburtstag und Köln zum karneval
waren erste beim Schröder auf'm Klagesmarkt
und letzte beim Open Mic in der Glocksee

feierten Loveparade mit WAZ, Roland, LSD-freaks und
klanghölzern auf Becksflaschen
rodelten im Harz, benannten unsere schule nach unserem
    direktor
und kifften hinter der sporthalle, lasen texte
    auf verkehrsinseln
soffen auf dem pressefest der kommunisten
und trafen unsere freundinnen, die sich schon kannten
als wir noch in unterschiedlichen systemen aufwuchsen

menschen traten hinzu oder gingen und die,
    die für immer gingen
tragen wir weiter in unseren herzen
wir denken an sie wie an die menschen
die von den schweinen umgebracht wurden
und an alle, denen unsere solidarität immer gegolten hat

und ich denke an dich
an eine wundervolle zeit mit jemandem
auf den ich stolz bin
stolz, ihn zu kennen und gekannt zu haben

machs gut
Andreas, Ras Tariv, Professor Huber, Peter Kropotkin
oder einfach nur Lars

zeter & mordio – verlag für nebenwelten

zeter & mordio ist ein Verlag der besonderen Art. Um eine Öffentlichkeit für ungewöhnliche Denkansätze zu schaffen, ermöglichen wir Publikationen fern der Auflagenhöhe kommerzieller Verlage. Wir geben Menschen die Möglichkeit, ihre ur-eigenen Gedanken und Ideen einem Publikum zu präsentieren, und hoffen damit den Lesern und Leserinnen Anregung und Kraft geben zu können.

Wir wollen zetern statt zaudern: zeter & mordio bietet deshalb eine Plattform für bisher unbekannte Autoren und Autorinnen und eröffnet inspirierende Möglichkeiten. Alle Menschen, die dabei helfen, diesen Traum am Leben zu erhalten, arbeiten nebenberuflich und ehrenamtlich an unserem Projekt.

Wer bei uns veröffentlichen, mitarbeiten oder uns Fragen stellen möchte, kann uns schreiben oder mailen. Wir freuen uns über Rückmeldungen jeder Art!

Ausführliche Informationen zu zeter & mordio finden sich im Internet unter www.zeterundmordio.de.

juliane beer

über den fortgang der dinge

Eine seltsame Person wohnt dort, über dem Opernhaus in einem Berliner Bezirk. Eine Person, der es nicht gelingt, die Regeln zu verstehen, nach denen die Welt sich bewegt. Mit konstruierten Rechenregeln versucht sie, das Verhalten ›der den Platz Überquerenden‹ vorauszusagen, doch es ist nicht vorhersehbar. In ihrer Einsamkeit gefangen steht sie erst gegen Mittag auf, pünktlich wenn die Orchesterproben im Haus beginnen, isst aus Konserven und holt sich ihr Geld vom ›Amt‹.

Eines Tages ist ›er‹ da. Sitzt am Fenster und blickt auf den Platz hinaus, ist ansprechbar. Ihm sind die Regeln draußen ähnlich fremd wie ihr. Im Zwiegespräch gewinnt ihr Leben einen neuen Sinn, der sie bestätigt. Er bewegt sich zwar nie aus seinem Sessel, doch er ist immer da und hilft ihr, sich in ein neues Leben einzufinden: eines, in dem sie Arbeit hat und sich mit anderen zu unterhalten wagt. Doch er ist nicht nur ihr Ratgeber, Zuhörer und Vertrauter. Er ist auch ihre Angst: Eifersüchtig wacht er über sie und ihren Lebenswillen, – bedacht darauf, die Kontrolle zu wahren.

Eine großartige Metapher des Sich-Findens und Sich-Verlierens innerhalb einer Beziehung, geschrieben in einem schnörkellosem lakonischem Stil, mit einer kühlen klar abgezirkelten Sprache, die Emmanuel Boves Prägnanz noch weit übertrifft. Das Erstlingswerk einer Autorin, die nicht unbekannt bleiben wird.

roman | isbn 3-9809552-0-6 | 192 seiten | € 9,90

ein sinnliches und
modernes märchen ...

alice d'alighieri – des lebens roter faden

Ein Roadmovie, eine Art Fahrerflucht vor den Klischees des Menschseins durch eine Welt, die so absurd ist, dass es die Unsere sein könnte. Auf sonderbare Weise scheinen alle dort miteinander verwandt zu sein, oder sich von früher her zu kennen. Bemüht, dem Standesamt oder der Beschneidung zu entkommen, ist jede ihrer Gesten eine Einladung, sich endlich der Anarchie einer trudelnden Welt anzuvertrauen.

Alice d'Alighieris erster Roman in deutscher Sprache basiert auf Recherchen, die sie von ihr unbekannten Menschen hat durchführen lassen. Er ist ein Kondensat dieser scheinbar zusammenhangslosen Berichte deutscher Lebens- und Fühlensverhältnisse, verknüpft mit ihren eigenen Erfahrungen jahrzehntelanger Heimatlosigkeit. Dabei erschließt sie ungeahnte Möglichkeiten: Mit Hilfe mehrerer ÜbersetzerInnen schlüpft sie wie mühelos in unsere Mentalität, als sei das Deutsche eine fremde und doch verständliche Sprache für uns.

roman | isbn 3-9809552-1-4 | 224 seiten | 10,90 €

mirco buchwitz – lieber woanders

Mirco Buchwitz schafft eine Mischung aus Comedy/Kabarett, Spoken Word/Literatur und Musik. Die komischen, tragischen und skurrilen Seiten alltäglicher Situationen verwebt er in der Verbindung von Sound und Dichtung zu einem Stoff voller Poesie, Skurrilität und unbestechlicher Komik.

Buchwitz' Stärke liegt in der treffsicheren Beobachtung scheinbarer Banalität, die sich jedoch lediglich als Türöffner für eine Welt voller komplex miteinander verwobener Gefühlsebenen herausstellt.

»lieber woanders«: Pure Poesie, die sich über den Gründen und Abgründen des Philosophierens auf einer geschickten Gratwanderung zwischen Komik und Tragik bewegt. In einem ruhigen Augenblick aber packt Buchwitz den Zuhörer und zieht ihn tiefer in den Text hinein.

»lieber woanders« dient damit lange nicht nur der unterhaltenden Wegbegleitung – die CD bietet unterhaltend Wege an. (Wahn)witzig, melancholisch, nachdenklich und humorvoll zugleich.

Wer die CD einschaltet, wird für 74 Minuten genau da bleiben wollen, wo er ist.

hörbuch | vö 24.10.2005 | isbn 3-9809552-4-9 | 14 Tracks

mehmet yaman, maYa birken [hrsg.]

not testified – die macht moderner mythen

Das Erzählen ist seit jeher ein Grundbedürfnis des Menschen. Die mündliche Überlieferung ist lange vor Erfindung der Schrift ein elementarer Bestandteil der menschlichen Kultur gewesen und diente lange Zeit als einziges Medium zur Informationsübermittlung.

Urban Legends sind allgegenwärtig, sie spiegeln die aktuellen Geschehnisse, greifen sie auf und verarbeiten sie. Nach dem 11. September tauchten zum Beispiel vermehrt E-Mails auf, die vor möglichen Terroranschlägen auf diversen Weihnachtsmärkten warnten. Wir treffen in fast allen Medien auf solche Legenden: in Zeitungsmeldungen genauso wie in Fernsehwerbung oder Literatur.

Urbane Legenden sind witzig, beängstigend und vor allem auch informativ. Denn sie erzählen uns von unseren Ängsten, Sorgen und auch von unserer Faszination an Bedrohlichem. Der Umgang mit ihnen zeigt uns den Grad unserer Naivität und macht deutlich, wie sehr wir uns von Medien beeinflussen lassen in unserer durchrationalisierten Welt.

»not testified« vereint literarische Bearbeitungen solcher Legenden mit wissenschaftlichen Beiträgen und regt so auf unterhaltsame Weise zum Denken an.

Mit Beiträgen von Juliane Beer, Marcandre Birken, Mirco Buchwitz, Christoph Drösser, Markus Freise, Patrick Gensing, Nina Grenningloh, Stefan Thomas Gruner, Michael Helming, Herbert Hindringer, Murat Kayi, Almut Koesling, Walter Landin, Jan Egge Sedelies und Prof. Dr. Johannes Stehr.

sampler | veröffentlichung 2006 | isbn 3-9809552-2-2